국립생태원은 한반도 생태계를 비롯하여 열대, 사막, 지중해, 온대, 극지 등 세계 5대 기후와 그곳에서 서식하는 동식물을 한눈에 관찰하고 체험할 수 있는 생태 연구·교육·전시 종합 기관입니다. 국립생태원 출판부(NIE PRESS)는 소중한 생태 정보와 이야기를 엮어 유아부터 성인, 전문가에 이르는 다양한 독자를 위한 책을 만들고 있습니다.

정보 제공 및 내용 감수에 참여한 **국립생태원 연구원**
김수환, 김현맥, 윤희남

에코스토리 04 국립생태원이 들려주는 **외래 생물 관리** 이야기
하늘천의 무법자 블루길

발행일 2017년 6월 15일 초판 1쇄 발행
2022년 8월 16일 초판 2쇄 발행
글 서영선 | **본문그림** 김중석 | **부록그림** 김창희

발행인 조도순
책임편집 김웅식 | **편집** 유연봉 이규 천광일 전세욱 | **구성·진행** 강승연 정재윤 조현민
아트디렉터 신은경 | **디자인** 디자인아이(양신영 진선미) | **사진** 국립생태원 생태보전연구실 Shutterstock 연합뉴스
발행처 국립생태원 출판부 | **신고번호** 제458-2015-000002호(2015년 7월 17일)
주소 충남 서천군 마서면 금강로 1210 / www.nie.re.kr
문의 041-950-5999 / press@nie.re.kr

ⓒ 국립생태원 National Institute of Ecology, 2022
ISBN 979-11-88154-06-7 74400
 979-11-88154-02-9(세트)

※이 책에 실린 모든 글과 그림을 저작권자의 허락 없이 무단으로 사용하거나 복사하여 배포하는 것은 저작권을 침해하는 것입니다.
⚠ 주의 다칠 우려가 있습니다. 본 교재를 던지거나 떨어뜨리지 않도록 주의하십시오. 고온 다습한 장소나 직사광선이 닿는 장소에는 보관을 피해 주십시오.

04 외래 생물 관리

하늘천의 무법자 블루길

글 서영선 그림 김중석 감수 국립생태원

국립생태원
NIE PRESS

물풀과 작은 돌멩이가 가득한 하늘천 놀이터에서
아기 물고기들의 숨바꼭질이 한창이에요.
"다 숨었니? 이제 찾는다."
술래인 아기 쏘가리가 감았던 눈을 뜨면서 말했어요.
다른 아기 물고기들은 아기 쏘가리의 눈을 피해 숨은 뒤였어요.

아기 쏘가리가 친구들을 찾으려 할 때였어요.

조금씩 물결이 흔들리더니 저 멀리서 블루길 떼가 나타났어요.

"블루길이다! 모두 도망쳐!"

아기 물고기들은 있는 힘을 다해 도망쳤어요.

하지만 얼마 못 가 블루길들의 먹잇감이 되고 말았어요.

작은 돌멩이 밑에 숨어 있던 아기 피라미만 빼고 말이에요.

"다 갔나?"
물의 흔들림이 잦아들 때까지 기다렸다가
아기 피라미가 고개를 쏙 내밀었어요.
그러고는 하늘천 놀이터 여기저기를 헤엄쳐 다녔어요.
혹시 자기처럼 숨어 있는 친구가 있기를 바라면서요.
하지만 함께 놀던 아기 물고기들은 한 마리도 보이지 않았어요.

게다가 놀이터의 물풀들마저 모습을 알아볼 수 없게 뜯겨 있었어요.
"블루길은 뭐든지 가리지 않고 먹는다더니
진짜 다 먹어 버렸네, 엉엉."
엉망이 된 놀이터를 보고 울음이 터져 버린 아기 피라미는
쓸쓸히 놀이터를 빠져나갔어요.

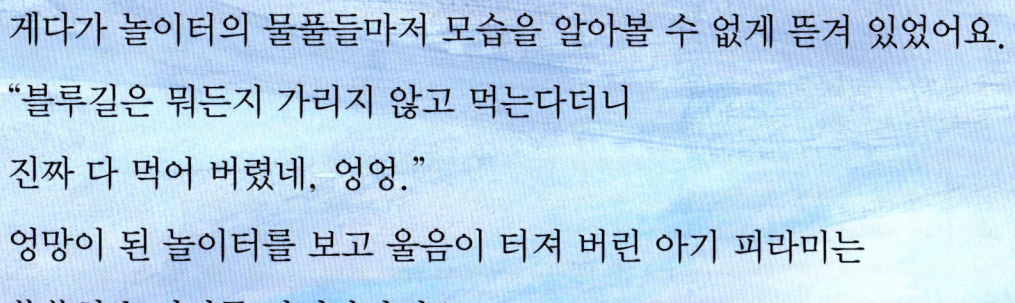

하늘천에 블루길들이 들어온 건 작년 봄이었어요.
어느 날 몇 명의 사람들이 양동이를 들고 와
양동이 안의 물고기들을 하늘천에 놓아주었는데,
그 양동이 안에 들어 있던 물고기들이 블루길이었어요.
이렇게 들어온 블루길들은 곧 하늘천 물고기들을 벌벌 떨게 만들었어요.
어찌나 먹성이 좋은지 블루길들이 지나간 자리엔 남아나는 것이 없었어요.
다른 물고기들과 나누어 먹어야 하는 플랑크톤*도 혼자서만 꿀꺽,
새우와 아기 물고기들도 꿀꺽,
아직 깨어나지 않은 알까지도 꿀꺽해 버렸으니까요.

***플랑크톤** 물속에서 물결에 따라 떠다니는 작은 생물로, 식물 플랑크톤과
 동물 플랑크톤이 있으며 물고기의 중요한 먹잇감이에요.

블루길은 어떻게 우리 하천에 들어왔을까요?
1970년대 초반 우리나라는 가난해서 보통 사람들이 물고기를 마음대로 먹을 수 없었어요. 그래서 사람들이 쉽게 물고기를 먹을 수 있도록 성장이 빠르고 번식력이 좋은 블루길과 큰입배스를 수입하여 우리 하천에 놓아주었어요. 하지만 성질이 포악한 블루길과 큰입배스는 우리나라에 사는 작은 토종 물고기들을 비롯해 아기 물고기와 새우 등을 다 잡아먹어 버렸어요. 우리 하천의 생태계를 파괴하는 주범이 되어 버린 거예요.

놀이터에서 혼자만 살아남은 아기 피라미가
울면서 아빠 쏘가리를 찾아갔어요.
"아저씨, 쏘가리 아저씨! 블루길이 아기 쏘가리를 잡아먹었어요.
놀이터에서 아기 물고기들과 숨바꼭질을 하는데
갑자기 블루길들이 나타나 아기 물고기들을 다 잡아먹어 버렸어요.
어떡해요, 엉엉."

"뭐라고? 블루길이 우리 아기 쏘가리를 잡아먹었다고?"
놀람과 슬픔에 한동안 말을 잇지 못하고 눈물만 흘리던
아빠 쏘가리가 말했어요.
"아기 물고기들만 놀고 있는데 나타나 그런 짓을 하다니
이런 나쁜 녀석들. 이젠 정말 가만두면 안 되겠다.
아기 피라미야, 함께 메기 할아버지에게 가자."

화가 난 아빠 쏘가리와 아기 피라미가 메기 할아버지를 찾아왔어요.

메기 할아버지는 하늘천의 가장 큰 어른이시거든요.

"할아버지, 메기 할아버지!"

급하게 메기 할아버지를 찾는 아빠 쏘가리의 눈에는 눈물이 맺혀 있었어요.

"블루길이 아기 쏘가리를 잡아먹었어요, 흑흑.

더는 못 참겠어요, 할아버지.

힘을 모아 블루길에 맞서 싸워요.

아무리 사나운 블루길이라도 하늘천 물고기 모두가 힘을 합치면

이길 수 있을 거예요, 네?"

그날 밤, 하늘천의 반상회가 열렸어요.

블루길을 뺀 하늘천의 물고기들은 거의가 모인 듯했지요.

메기 할아버지가 물고기들을 둘러보며 말했어요.

"다들 왜 모였는지 알죠?

블루길들이 또 아주 못된 짓을 했어요.

그 때문에 많은 엄마 아빠 물고기들이 슬픔에 빠져 있어요.

블루길들을 어떻게 하면 좋을지 이야기해 봅시다."

아빠 피라미가 한숨을 쉬며 말했어요.
"정말 큰일이에요. 지금까지 우리 하늘천 물고기들은
규칙을 잘 지키면서 살아왔는데,
블루길들은 날이 갈수록 못된 짓들만 하니……."

아빠 피라미의 말에 참붕어 아저씨도 손을 들고 말했어요.
"하늘천에 새로 들어왔으면 하늘천의 규칙을 지켜야 하는 거 아닌가요?
다른 나라에서 이사 온 물고기들은 원래 이렇게 문제만 일으키나요?"
이야기를 듣고 있던 잉어 아저씨가 말했어요.
"모두 그런 건 아닌 것 같아요. 예전에 제가 살던 푸른강에도
다른 나라에서 이사 온 향어라는 친구가 있었거든요.
이스라엘이라는 먼 나라에서 온 친구였는데,
블루길과 달리 푸른강의 규칙을 잘 지켰어요.
푸른강의 친구들과 얼마나 평화롭게 잘 지냈는데요."

다른 나라에서 들여온 물고기는 모두 다 나쁜가요?
외국에서 들여온 물고기가 모두 다 나쁜 건 아니에요. 이스라엘잉어라고도 불리는 향어는 이스라엘에서 들여왔어요. 먹을거리가 부족했던 시절에 영양 보충을 위해 들여와 지금은 우리나라의 대표적인 양식용 물고기가 되었어요. 향어는 우리 자연 생태계에서 성장은 가능하지만 번식은 잘 이루어지지 않아, 우리 고유 물고기에 미치는 영향은 거의 없어요.

잉어 아저씨의 이야기를 듣던 가물치* 아주머니가 한숨을 쉬며 말했어요.

"전 블루길을 보면 전에 살던 맑은천의 큰입배스와

하는 짓이 똑같아서 너무 무서워요."

"큰입배스가 어쨌길래요?"

"큰입배스는 맑은천에 들어오자마자 물고기란 물고기는

닥치는 대로 잡아먹어서 모두 두려움에 벌벌 떨었어요."

가물치 아주머니의 말에 모두 땅이 꺼져라 한숨을 쉬었어요.

***가물치** 저수지나 웅덩이 또는 물이 잘 흐르지 않는 하천에서 사는 물고기로 5~8월에 알을 낳는데
  알에서 나온 물고기가 집을 떠날 때까지 암수가 함께 보호해요.

"더 큰 문제는 시간이 지나면서 나타났어요.
맑은천의 물이 흐려지더니 푸른 이끼 같은 것이 끼기 시작했어요.
큰입배스가 민물 새우같이 물을 깨끗하게 해 주는 동물들까지
다 잡아먹는 바람에 물이 더러워진 거예요.
그 때문에 숨을 쉬지 못해 죽은 물고기들이 떠오르기 시작했어요.
그래서 저도 이사를 온 건데……."
가물치 아주머니는 더는 말을 잇지 못했어요.

녹조가 생기면 물고기가 살기 힘들어져요
물속에 영양소가 너무 많아져서 그것을 먹고 사는 플랑크톤이 늘어나 물이 녹색으로 변하는 것을 녹조라고 해요. 녹조가 생기면 물속에 사는 생물들은 산소가 모자라 살기 힘들어져요. 녹조를 막기 위해서는 민물 새우와 같이 물을 깨끗하게 해 주는 동물들이 잘 살 수 있게 하고, 깨끗하게 걸러진 물만 하천에 들어가게 해야 해요. 강이나 호숫가에 녹조를 예방하는 식물을 심는 것도 좋아요.

가물치 아주머니의 말에 다른 물고기들의 얼굴이 어두워졌어요.
겁을 먹고 아무 말도 하지 못하는 물고기들을
보다 못한 아빠 쏘가리가 입을 열었어요.
"블루길이 맑은천의 큰입배스처럼 무서운 놈인 건 맞지만
그렇다고 우리가 보고만 있을 수는 없잖아요? 맞서 싸웁시다.
블루길이 아무리 난폭하다고 해도 우리 모두가 힘을 합치면
몰아낼 수 있을 거예요."

하지만 서로 눈치만 볼 뿐,
아무도 아빠 쏘가리의 말에 찬성하고 나서지 않았어요.
가물치 아주머니에게서 들은 맑은천 이야기는 정말 무서웠거든요.
그 큰입배스만큼 무서운 블루길을 이길 자신이 있는
물고기는 없는 듯했어요.

그때 갑자기 아기 피라미가 소리치며 헤엄쳐 왔어요.
"큰일 났어요. 참붕어 아저씨와 밀어* 아저씨네 집으로
블루길들이 몰려갔어요!"
참붕어 아저씨와 밀어 아저씨는 서둘러 집을 향해 헤엄쳐 갔고,
다른 물고기들도 뒤를 따랐어요.
하지만 물고기들이 도착했을 때는 이미 블루길 떼가
참붕어와 밀어 알들을 모두 먹어 버린 뒤였어요.
"불쌍한 우리 아기들, 흑흑흑."
참붕어 아저씨와 밀어 아저씨는
슬픔과 괴로움에 눈물을 흘렸어요.

*밀어 비교적 물이 맑은 곳에서 살며 주로 5~7월 돌 밑 좁은 틈에 알을 낳는데 수컷이 알을 지켜요.

하늘천의 물고기들은 블루길들의 못된 짓을
더는 참을 수 없었어요.
귀여운 아기 물고기들을 잡아먹은 것도 모자라
갓 낳은 알들까지 모조리 먹어 버리다니요.
이러다가는 하늘천에 블루길들 말고 다른 물고기는
모두 사라지게 될 것 같았어요.
아빠 쏘가리가 소리쳤어요.
"싸웁시다. 블루길들에 맞서 우리 아기들을 지켜 냅시다."
"그래요. 우리가 우리 하늘천을 지켜 내요!"

다음 날 하늘천의 물고기들은
블루길들이 즐겨 찾는 하늘천 놀이터에 모였어요.
잠시 뒤 희미한 물의 흔들림과 함께 하늘천의 무법자
블루길들이 다가왔어요.
하늘천 물고기들은 아빠 쏘가리의 신호에 맞춰 있는 힘을 다해
블루길들에게 달려들었어요.
갑자기 달려드는 물고기들 때문에 블루길들은 잠시 놀란 듯했지만
곧바로 물고기들을 공격하기 시작했어요.
몸집이 큰 물고기들은 한입에 삼켜 버리겠다는 듯 블루길들에게 달려들었고,
몸집이 작은 물고기들은 블루길이 큰 물고기들을 공격하는 것을 막았어요.
하지만 블루길들의 공격은 만만치 않았어요.
하늘천 물고기들이 있는 힘을 다해 싸웠지만
블루길들의 수는 좀처럼 줄지 않았어요.
사나운 블루길들의 공격에 하늘천 물고기들은 조금씩 지치기 시작했어요.

다른 나라에서 온 물고기와 우리 물고기가 싸우면 어떻게 될까요?

강원도 철원에 있는 토교 저수지에서는 블루길과 큰입배스 말고는 다른 물고기가 보이지 않을 정도로 우리나라 토종 물고기들이 다 사라진 적이 있었어요. 그래서 2012년부터 원주 환경청에서 토교 저수지에 쏘가리와 가물치 등 토종 물고기들을 풀어 주는 일을 시작했어요. 그 결과 3년 후인 2015년에는 블루길과 큰입배스의 비율이 낮아졌다고 해요.

그때였어요. 갑자기 커다란 그물이 하늘천 안으로 들어오더니
블루길들을 담아 올리는 게 아니겠어요.
"블루길 천지로군! 부지런히 잡아들여야 해.
그리고 가물치와 쏘가리 같은 토종 물고기들이 잡히지 않게 조심하자고."
블루길들로 가득한 그물을 들어 올리며 사람들이 하는 말소리가 들렸어요.
블루길들은 답답한 그물에서 빠져나오려고 발버둥 쳤지만 소용없었어요.
그물에 갇힌 블루길들을 보며 메기 할아버지가 말했어요.
"사람들도 블루길들이 마음에 안 들었나 보네. 아주 고마운 일이야."
그 말을 듣고 아빠 쏘가리가 말했어요.

"그러게요. 우리가 블루길들과 싸우는 동안 사람들이 이렇게 계속 도와준다면 블루길들을 물리칠 수 있을 거예요."

아빠 쏘가리의 말을 들은 하늘천의 물고기들은 모두 한마음이 되어 말했어요.

"그래요, 계속 싸워요. 다시 예전의 맑고 평화로운 하늘천을 만들어요!"

블루길을 없애기 위해 어떤 노력을 하고 있을까요?
나라에서는 우리 하천의 생태계를 위협하는 블루길을 없애기 위해 노력하고 있어요. 블루길을 생태계 교란 생물로 정해 사람들에게 알림과 동시에, 공무원들이 직접 하천에 나가 그물을 이용해 잡기도 하고, 어부들이 잡아 온 블루길을 정부에서 사 주거나, 블루길 잡기 낚시 행사를 열기도 해요.

쏙쏙 정보 더하기

우리 생태계를 위협하는 동식물

다른 나라에서 들어온 생물을 포함해서 역사적으로 우리나라에 살지 않던 생물이 우리 생태계 속에서 스스로 번식하거나 정착하여 살아가는 생물을 '외래 생물'이라고 해요. 그리고 외래 생물 중에서 급속히 퍼져 우리 생태계의 균형을 파괴하거나 해치는 생물을 '생태계 교란 생물'이라고 하지요. 생태계 교란 생물은 우리 생태계를 지키기 위해서 항상 관심을 가지고 지켜봐야 해요.

생태계 교란 생물이란 무엇일까요?

'생물 다양성 보전 및 이용에 관한 법률'에서는 외래 생물이나 유전자 변형을 통해 생산된 유전자 변형 생물 중 생태계의 균형을 어지럽히거나 그럴 가능성이 있는 생물, 외래 생물은 아니더라도 특정 지역에서 생태계의 균형을 어지럽히거나 그럴 가능성이 있는 생물을 생태계 교란 생물로 정하고 있어요.

큰입배스

블루길

단풍잎돼지풀이 햇빛을 다 가리고 있어!

황소개구리가 토종 개구리를 다 잡아먹고 있어!

생태계 교란 생물, 어떻게 들어오게 되었을까요?

생태계 교란 생물은 여러 가지 방법으로 우리 생태계에 들어왔어요. 블루길이나 큰입배스처럼 먹거리로 이용하기 위해 다른 나라에서 들여왔다가 제대로 관리하지 못해 우리 생태계로 들어오게 된 생물들이 있는데, 황소개구리와 뉴트리아도 여기에 속해요. 또 애완동물로 키우기 위해 다른 나라에서 몰래 들여왔다가 키우기 힘들어진 사람들이 강이나 산에 놓아준 생물들도 있어요. 생태계에 외래 동물을 함부로 풀어 주면 안 되는 줄 모르고 한 행동이지만 우리 생태계에 미치는 영향은 아주 컸지요.

생태계 교란 생물, 이렇게 지정해서 관리해요

우리나라는 1998년 2월 황소개구리, 큰입배스, 블루길을 생태계 교란 생물로 지정한 후, 최근까지 '생태계의 균형을 교란하는 외래 생물'을 중심으로 총 20종의 생태계 교란 생물을 지정하여 관리하고 있어요.

생태계 교란 생물 지정 현황(2016년)

동물(6종)

분류군	이름
포유류	뉴트리아
양서류	황소개구리
파충류	붉은귀거북속 전 종
어류	큰입배스
	블루길
곤충류	꽃매미

식물(14종)

분류군	이름
식물	단풍잎돼지풀
	돼지풀
	서양등골나물
	털물참새피
	물참새피
	도깨비가지
	애기수영
	가시박
	서양금혼초
	미국쑥부쟁이
	양미역취
	가시상추
	갯줄풀
	영국갯끈풀

생태계 교란 식물들

우리 주위에서 흔하게 볼 수 있어!

가시박

가시박은 덩굴 식물이에요. 덩굴 식물은 줄기가 꼭 손처럼 생겼는데, 가시박은 3~4개로 갈라진 덩굴손으로 다른 식물의 잎과 가지 등을 덮어 햇빛을 못 보게 만들어서 결국 말라 죽게 만들어요. 북아메리카에서 온 식물로 강가에 사는데 특히 한강 주변에서 빨리 퍼져 나가고 있어요.

단풍잎돼지풀

단풍잎돼지풀은 잎이 단풍잎처럼 3~5개로 깊게 갈라져 있고 높이가 1~2.5미터(m)예요. 북아메리카에서 건너온 단풍잎돼지풀은 땅속줄기로 뻗어 나가는데 한번 뿌리를 내리면 번식력이 왕성해 다른 식물의 성장을 방해해요. 지금은 우리나라 중부 지방에서 흔하게 볼 수 있는 식물이 되었어요.

도깨비가지

북아메리카에서 건너온 식물로 우리나라 어디서나 볼 수 있어요. 꽃은 가지꽃을 닮았고, 줄기와 잎에 가시가 많아서 도깨비가지라고 불러요. 땅속줄기로 번식도 하기 때문에 빠른 속도로 퍼질 수 있어요.

서양등골나물

북아메리카에서 온 식물로 토종 등골나물보다 키가 약간 작은 편이에요. 1978년 처음으로 발견되었는데, 서울을 중심으로 중부 지방에서 볼 수 있어요. 그늘진 곳에서도 잘 견디고 번식력이 좋아 우리 고유 식물을 위협하고 있어요.

생태계 교란 동물들

동물을 함부로 들여오면 안 되지.

황소개구리

울음소리가 황소를 닮은 황소개구리는 농촌에서 키워 먹거리로 팔기 위해서 미국과 일본으로부터 들여왔어요. 하지만 잘 팔리지 않자 농부들이 하천과 논밭에 놓아주었어요. 사람 말고는 천적이 없던 황소개구리는 닥치는 대로 동물들을 잡아먹었고 그로 인해 우리 고유 동물들의 수가 급격히 줄어들게 되었어요.

뉴트리아

모습은 쥐와 비슷하지만 몸무게가 10킬로그램(kg)에 이르는 뉴트리아는 우리 생태계 질서를 파괴하는 대표적 동물이에요. 농작물과 수생 식물뿐만 아니라 식물의 뿌리까지 먹는 식성을 가지고 있어 심각한 농사 피해를 일으키고, 땅에 굴을 뚫고 살기 때문에 댐, 둑, 제방이 내려앉는 등의 피해를 가져오기도 해요.

꽃매미

중국 열대 지역에서 온 꽃매미는 나무에 달라붙어 나무의 즙을 빨아 먹어요. 즙을 빼앗긴 나무는 건강하게 자랄 수 없어 시들시들 말라 죽게 되지요. 또한 즙을 많이 빨아 먹은 꽃매미는 많은 양의 똥을 싸서 나무가 숨을 쉴 수 없게 하기도 해요.

붉은귀거북

미국 미시시피 계곡이 고향인 붉은귀거북은 깨끗하지 않은 물에서도 잘 살아요. 우리 생태계로 들어온 붉은귀거북은 수생 생물을 잡아먹거나, 우리나라 토종 거북이 쉴 장소를 빼앗는 등 우리나라 생태계를 어지럽히고 있어요. 공원이나 연못가의 햇볕이 잘 드는 곳에 구덩이를 파고 보통 10개 정도의 알을 낳아요.

국립생태원이 들려주는 에코스토리

01 전국 자연환경 조사
나는 독도의 마스코트

02 기후 변화 연구
빙글빙글 물방울의 여행

03 생명 공학 연구
황금쌀과 슈퍼 연어의 비밀

04 외래 생물 관리
하늘천의 무법자 블루길

05 생태계 연구
금개구리 왕눈이의 모험

06 생체 모방 연구
호기심쟁이 수현이와 발명가 삼촌

07 생물 다양성 협력
와글와글 세계 어린이 환경 뉴스

08 생태계 서비스 연구
자연이 주는 선물

09 멸종 위기종 관리
아슬아슬 사라지는 동물

10 지역 생태 협력
철새들의 천국 서천 유부도

11 식물 관리
무럭무럭 쑥쑥 식물 성장의 비밀

12 동물 관리
한밤중 동물 친구들에게 생긴 일

13 생태 교육
푸른이의 두근두근 생태 교실

14 생물 복원
다시 만날 동식물 친구들

15 에코뱅크
신나는 생태 지도 만들기